Donato Santoro

AMICIZIA, TISANA DEL CUORE

Titolo | Amicizia, tisana del cuore
Autore | Donato Santoro

ISBN | 978-88-93069-98-4

© Donato Santoro 2014

Youcanprint Self-Publishing
Via Roma, 73 - 73039 Tricase (LE) - Italy
www.youcanprint.it
info@youcanprint.it
Facebook: facebook.com/youcanprint.it
Twitter: twitter.com/youcanprintit

Prefazione del Dott. Giuseppe Grieco Autore & Ricercatore

Un libro da "sorseggiare" nei placidi momenti del riposo serale per trovare ristoro dalle arsure più o meno consumate della quotidianità.

Si entra dunque nel merito dell'intricato ma bellissimo rapporto di amicizia fra padre e figli nel contesto attuale.

Partendo proprio dai principi filosofici ed etici suggeriti dai grandi pensatori ed illuminati di ogni tempo.

Fabrizio e Cristian, figli miei,

scrivo per voi questo libro, che vuole essere ciò che è : un piccolo libro, niente di più niente di meno. Personale e soggettivo. Come il rapporto tra un padre e i propri figli. Ma universale. Perché universale è il valore che voglio trasmettervi : l'amicizia.

Vi chiedo : secondo voi, esiste ancora l'amicizia nel mondo contemporaneo? Dominato dall'utile economico, dalla competizione per il potere? C'è ancora spazio per un rapporto sincero?

Mentre voi ci pensate su, vi esprimo le mie opinioni.

L'amicizia è un sentimento sereno, limpido, fatto di fiducia, di confidenza. E nulla ha in comune con l'interesse, il calcolo ed il potere.

L'amicizia ha tanti modi e tanti gradi, da un minimo a un massimo di perfezione. Richiede sempre reciprocità e non riserva all'odio spazio alcuno.

L'amicizia si fonda sul rispetto di un bene donato gratuitamente. E' un percorso che chiude tanti anelli di una catena invisibile, una catena che tiene saldi tutti i preziosi istanti condivisi. Forma un cerchio di protezione, dentro cui sentirsi al sicuro. Non devi convincere nessuno, né piacere, né cambiare...

L'amicizia è un valore. Un sentimento importante. Sa parlare...sa sorridere...capire e consigliare...sa volere bene per quello che sei...per come sei...senza mai giudicare e mai tradire.

L'amicizia è un atto di fede, redatto dalle promesse del cuore.

Ma ricordate : per annientare l'amicizia basta poco : cospargere bene d'indifferenza e orgoglio quanto basta, poi congelare tutto con cura.

Ragazzi miei, questo mio libro non vuole essere un manuale per imparare il mestiere di essere amico, perché l'amicizia è un'esperienza di vita. Né io voglio essere per voi un insegnante, ma soltanto e sempre il vostro papà.

So che prima o poi vedrò la vostra distanza correre più avanti. Vi seguirà il mio sguardo. Per voi ci sarò...in quell'ovunque necessario in cui pare tutto si disperda. Voi chiamatemi. Un lampo...è la velocità del cuore.

Papà

Riguardo alle cose umane,

Non ridere,

Non piangere,

Non indignarsi,

Ma capire,

Spinoza.

L' AMICIZIA

L'Amicizia, è un tipo di legame sociale accompagnato da un sentimento di affetto vivo e reciproco tra due o più persone dello stesso o di differente sesso.

Da un punto di vista soggettivo, insieme all'amore, l'amicizia è un atteggiamento nei confronti degli altri, caratterizzato da una rilevante carica emotiva e fondante la vita sociale del singolo. In quasi tutte le culture, l'amicizia viene intesa e percepita come un rapporto alla pari, basato sul rispetto, la stima, e la disponibilità reciproca. L'amicizia non prevede l'esclusività affettiva: gli amici possono cioè frequentare altri individui a scopo amoroso, sessuale, relazione ecc. senza che il rapporto vicendevole di amicizia ne risulti compromesso.

Il tema dell'amicizia è il centro di innumerevoli opere dell'arte e dell'ingegno; fu trattato già da Aristotele e Cicerone ed è oggetto di canzoni, testi letterari, opere filmiche e via dicendo.

In genere, si distinguono diversi gradi di amicizia, dall'amicizia casuale legata a una simpatia che emerge fortuitamente in una certa circostanza magari in modo temporaneo, all'amicizia cosiddetta intima, ovvero associata a un rapporto continuativo nel tempo fra persone che arrivano a stabilire un grado di confidenza reciproca paragonabile a quella tipica del rapporto di coppia.

Nella storia, l'amicizia è stata considerata in ogni epoca una delle esperienze umane fondamentali, ed è stata santificata da tutte le religioni. Ad esempio i Greci portavano come esempio di amicizia portata alle estreme conseguenze quella fra Oreste e Pilade.

In tutte le cosiddette Religioni abramatiche ricorre il racconto di Davide e Gionata. Tuttavia è impossibile parlare di amicizia nel mondo greco senza fare riferimento al simposio. Per gli antichi romani, popolo, almeno alle origini, molto pratico e poco portato a enfatizzare i sentimenti umani, equivaleva alla "sodalitas", cioè alla solidarietà fra gruppi di individui – detti "sodales"- accomunati da uno stretto scopo pratico da raggiungere, come ad esempio i legionari impegni nelle campagne di conquista.

Aristotele distingue tre tipi di amicizia: 1- amicizia basata sul piacere; 2- amicizia basata sull'interesse; 3- amicizia basata sulla bontà.

Nel divenire dello sviluppo dell'emotività individuale, le amicizie vengono dopo il rapporto con i genitori e prima dei legami di coppia che si stabiliscono alla soglia della maturità. Nel periodo che intercorre fra le fine dell'infanzia e l'inizio dell'età adulta, gli amici sono spesso la componente più importante della vita emotiva dell'adolescente, e spesso raggiungono un livello di intensità mai più eguagliato in seguito. Queste amicizie si stabiliscono il più delle volte, ma non necessariamente, con individui dello stesso sesso ed età.

Le prime forme d'amicizia si possono avere anche nei primi anni di vita quando i bambini condividono gli stessi giochi e le stesse esperienze ludiche e di crescita. I bimbi piccoli incontrano i loro coetanei all'interno del nido e con loro instaurano delle semplici relazioni che ancora non si possono definire amicizia. Due bambini che giocano insieme entrano le abilità fondamentali che servono per lo sviluppo e la nascita delle nuove amicizie. Negli anni della scuola materna preferiscono stare insieme ad alcuni bambini trascorrono molte ore con i loro compagni e cercano punti di riferimento all'interno della classe. Solitamente il punto di riferimento è un compagno dello stesso sesso, ma può anche accadere che nascono amicizie tra coetanei di sesso differente. Le amicizie alla fine della scuola elementare sono ormai consolidate e solitamente destinate a cambiare con l'ingresso nella scuola media. I bambini instaurano amicizie con i coetanei o con altri bambini di età differente anche in altri luoghi come nei parchi o nelle ludoteche.

Come si diceva un gruppo di amici consiste di due o più persone gratificate a stare insieme da sentimenti di cameratismo, esclusività e reciproco interesse. Ci sono varie "gradazioni" e "sfumature" nei modi di intendere questo sentimento, tanto che, nelle varie culture, ci sono da sempre stati diversi modi di intendere e manifestare l'amicizia.

In Russia è usanza accordare a pochissime persone la qualifica di amico. Solo fra amici ci si chiama per nome (o col diminutivo) mentre fra semplici "conoscenti" ci si chiama usando il nome completo, a cui si aggiunge anche il patronimico.

Gli amici possono essere colleghi di lavoro da lungo tempo, vicini con cui si scambiano visite o inviti a pranzo, ecc. Il contatto fisico fra amici è considerato cosa del tutto normale anche fra persone dello stesso sesso, che si abbracciano, si baciano e camminano in pubblico a braccetto o mano nella mano, senza il minimo imbarazzo o connotazione di tipo sessuale.

Secondo uno scritto di Oleg Khardkhordin sulle implicazioni politiche dell'amicizia, ai tempi del regime stalinista le amicizie erano viste con un certo sospetto, in quanto la fedeltà fra amici poteva essere in contrasto con la fedeltà al Partito. Per definizione un amico è una persona che non ti abbandona nemmeno quando è direttamente minacciata, una persona a cui si possono fare tranquillamente confidenze di ogni tipo, una persona che non ti tradirà mai, nemmeno se messa sotto pressione. In un certo senso l'amicizia divenne l'ultimo valore – baluardo del dissenso politico in Unione Sovietica.

Anche in Medio Oriente ed Asia centrale l'amicizia fra maschi, sebbene meno stretta che in Russia, tende ad essere particolarmente intima, e si accompagna con una grande quantità di effusioni fisiche di natura non sessuale, tenersi per mano, dormire insieme ecc.

In Occidente i contatti fisici intimi hanno assunto nell'ultimo secolo una connotazione decisamente "sessuale", e praticarli fra amici è considerato un tabù. Tuttavia un modo appena accennato, quasi "rituale", di abbracciarsi e baciarsi può essere accertato, anche se solo in determinati contesti; comunque tra le femmine è maggiormente diffuso l'uso di gesti intimi anche in amicizia (come il tenersi per mano o baciarsi sulle guance) ed è anche socialmente accettato come modo normale di esprimere tale sentimento mentre lo stesso non accade invece nelle amicizie instaurate tra maschi dove, al contrario, gesti intimi affettivi sono molto rari (se non completamente assenti) e comunque non considerati una consuetudine dalla collettività come accade invece per le amicizie femminili. Fanno eccezioni i bambini, la cui amicizia può tradursi in manifestazioni di stretta intimità anche tra maschi, che vengono però soppresse successivamente per uniformarsi alle convenzioni sociali.

Sebbene nell'accezione originaria il termine indichi l'amicizia fra individui, viene a volte usato anche nel contesto delle relazioni politiche per indicare una particolare condizione delle relazioni fra stati o popoli (si veda l'amicizia "franco – tedesca") legati da affinità e comuni interessi.

A questo riguardo vale citare una celebre affermazione dello statista inglese Benjamin Disraeli che ebbe a dire: Le nazioni non hanno mai amici stabili e nemmeno nemici stabili. Solo interessi permanenti. Altro esempio è l'amico immaginario, che consiste, sempre nell'ambito infantile, ad immagine un amico, presente esclusivamente nella fantasia dell'immaginante, spesso molto fantasioso. A volte l'amico immaginario può creare problemi alla psiche, dato che il bambino cerca di convincersi sempre di più della sua esistenza, tanto da crederci quasi letteralmente e trattandolo come una persona vera, ad esempio tenendo il suo posto come se vi fosse seduto, o anche parlargli in maniera seria o rivelargli i propri segreti.

Esalta il valore dell'amicizia

Com'è perverso i ipocrita che dice: Mi sono proposto di essere franco con te. Che fai, amico?. Non c'è bisogno di una simile promessa. Sarà evidente da sé, deve essere scritto in fronte, deve risuonare subito nella tua voce, cogliersi subito nei tuoi occhi, come nello sguardo degli amanti tutto è immediatamente chiaro per l'amato. L'uomo semplice e onesto deve essere assolutamente così, come uno che sa di selvatico e che, chi gli sta vicino, scopre subito appena arriva, lo voglia o no. La franchezza affettata è un pugnale. Niente è peggio dell'amicizia del lupo: rifuggila più di ogni altra cosa. L'uomo onesto, semplice e benevolo porta negli occhi queste qualità, e non passano inosservate.

Il sentimento dell'amicizia è come un fiore appena sbocciato: pronto a ricevere la luce del sole e irradiare colore. Ma è anche esposto ai venti impetuosi della notte: al tradimento. E non c'è infedeltà peggiore di quella di un amico. Perché l'amicizia, insieme all'amore, è uno di quei rapporti umani che alimenta la nostra ricchezza interiore: dà senso alla vita. Nell'amicizia rifiorisce il fanciullo che è in noi, quello che ripone nell'amico tutto se stesso, senza secondi fini, in piena spontaneità. Nell'amicizia rivive quel bimbo che attraverso le confidenze al coetaneo scopre per la prima volta un canale di comunicazione affettiva diverso da quello dei genitori e crea così la propria autonomia. Per questa ragione, forse un bambino, meglio di noi, potrebbe comprendere il mio Oreste e Pilade: quando Oreste fu condannato a morte per avere sottratto la statua di Atena, l'amico Pilade dichiarò di essere Oreste per sostituirsi a lui nel subire la sentenza. L'infedeltà dell'amico che ha condiviso i nostri segreti o che abbiamo sostenuto nelle difficoltà colpisce, quindi, nel nucleo più profondo del nostro essere, perché incrina la fiducia in noi stessi. Ci espone al dubbio sulle effettive capacità di farci amare. E a giusta ragione Dante pone i traditori dell'amicizia nell'ultimo cerchio dell'inferno.

Non aspettiamoci, comunque, nella vita di ogni giorno, di incontrare un Pilade che si salva. Ma neppure un Giuda che ci tradisce con un bacio. Le perfidie sono oggi più sottili e nascoste. Il moltiplicarsi delle occasioni di incontro nella nostra società complessa crea un ambiente favorevole al loro occultamento: sotto la maschera di scambi di favori o di informazioni, di comunanza di idee politiche o di collaborazioni occasionali. Così, in molte circostanze è difficile distinguere tra vera amicizia e pura conoscenza.

Non siamo sempre in grado di stabilire con chiarezza se esiste una qualche sintonia sincera. Non a caso, spesso mi capita di ascoltare lamentele motivate dal voltafaccia di un amico: confidenze rivelate ad altri sulle emozioni più intime, maldicenze comunicate al capoufficio, impegni non mantenuti ecc. Per difenderci da queste delusioni la filosofia offre la massima attenzione per distinguere fin dall'inizio il vero amico da quello apparente in base a tutti gli indizi ricavabili dai suoi atteggiamenti. Oppure, non sottovalutare il fatto che interessi materiali spesso alterano la relazione amicale. Pertanto non dobbiamo avvilirci se ci sentiamo traditi da una persona amica. Perché abbia rivestito di un'immagine impropria una relazione nata all'insegna di interessi, di bisogni materiali o di carenze affettive.

Quando sembra germogliare un'amicizia, inoltre, prima di ogni valutazione, fermiamoci un attimo nel presente. Poniamoci in ascolto della voce interiore che dal profondo della nostra intimità cerca di farsi sentire. Non potrà certo diagnosticare l'esito futuro. Ma ci darà la consapevolezza che, qualsiasi cosa possa accadere, il nostro essere spirituale non verrà mai intaccato ...

*"Questa è la maggior responsabilità
della nostra vita e la prova evidente
che due anime non si incontrano
per caso,"*

così Paul Montes.

L'amicizia non tiene registri
contabili. Ritenere invece che tanto
l'amico dà, tanto deve ricevere
significa, per Cicerone,

*"ridurre l'amicizia a conti troppo
gretti e meschini, per vedere
se il bilancio è pari!
La vera amicizia, secondo me,
è più ricca, più generosa
e non bada con pignoleria a non
rendere più di quanto abbia ricevuto"*

l'amicizia contribuisce in modo
significativo a smussare difficoltà
che in certi momenti sembrano
insuperabili. Ecco cosa dice Cicerone
a questo proposito:

*"L'amicizia presenta
vantaggi così grandi che a malapena
posso dirli. In primo luogo,
come può essere vivibile una vita,
per usare le parole (del poeta) Ennio,
che non trovi sollievo nel reciproco
affetto di un amico? Che cosa c'è
di più dolce che avere una persona
cui confidare tutto, senza timori,
come a se stesso?".*

Chi è l'amico o l'amica.
Amico significa:

"legato da amicizia,
sai che ti sono amico,
che esprime amicizia amichevole,
benevolo, mi ha rivolto parole amiche,
che è legato ad altri da rapporti di amicizia,
ha un nuovo amico; perdere un amico;
si è comportato da amico".

L'amicizia, afferma Cicerone,
comporta moltissimi vantaggi.

"Dunque tu vada
è a tua disposizione, non è esclusa
da nessun luogo, non è mai
inopportuna, non è mai un peso.
Insomma, non sono l'acqua e il fuoco,
come dicono, a essere utili
in tante situazioni, è l'amicizia ...
L'amicizia, infatti, conferisce
più vivo splendore al successo
e allevia il peso delle avversità,
condividendole e partecipandovi".

Il più grande filosofo dell'amicizia,
Aristotele è convinto che un'esistenza
senza amici sarebbe un'esistenza
priva di senso:

*"L'amicizia ... è cosa
quanto mai necessaria per la vita,
perché senza amici nessuno
sceglierebbe di vivere, anche
se possedesse tutti gli altri beni".*

Platone asserisce che:

*"Solo il buono è amico unicamente
del buono, mentre il cattivo
non è veramente amico
né del buono né del cattivo".*

E non da ultimo Cicerone ribadisce che:

**"L'amicizia può sussistere
solo tra persone virtuose".**

Sembrerebbe che il vincolo
di amicizia fondato su due individui
rappresenti la formula migliore
per poter esercitare questo reciproco
riconoscimento. Montaigne, per esempio, ne è convinto:

"La perfetta amicizia
di cui parlo è indivisibile: ciascuno
si dà al proprio amico tanto interamente
che non gli resta nulla da spartire
con altri; al contrario, si duole
di non essere doppio, triplo
o quadruplo e di non avere più anime
e più volontà per consacrarle tutte
a quell'unico oggetto".

"Le amicizie femminili"

sottolinea la filosofia Simone de Beauvoir

*"hanno un carattere
molto diverso dalle relazioni
che conoscono gli uomini; questi
comunicano tra di loro in quanto
individui attraverso le idee,
i progetti loro personali; le donne ...
sono unite da una specie di complicità
immanente. E ciò che cercano
le une dalle altre è l'affermazione
dell'universo che è loro comune"*.

L'amicizia comporta anche
degli obblighi reciproci: frequentazione
piuttosto regolare, disponibilità all'ostacolo,
sostegno materiale in caso
di incertezze economiche e così via.
L'amicizia, in questo senso,
rappresenta un importante e reciproco
supporto tra amici in caso di difficoltà.
Tanto che Epicuro può affermare
senza mezzi termini che:

"Vita senza amico è divorare di leone e di lupo".

*"L'amicizia è la voce della natura
che parla alla nostra interiorità.
"L'amicizia deriva dalla natura
più che dal bisogno,"*

ricorda Cicerone.

**"Tradire l'amicizia pertanto è andare
contro natura. E' spegnere
la scintilla cosmica che alimenta
dentro di noi il desiderio
di autorealizzazione".**

"Le peste più esiziale dell'amicizia

sottolinea Cicerone

è, nella maggior parte degli uomini, la sete di denaro,
nei migliori, la lotta per il potere e per la gloria.
Ecco perché dagli amici più cari sorgono spesso
gli odi più feroci. Gravi disaccordi, per lo più legittimi,
nascono anche quando si chiede all'amico un favore
immorale, come, per esempio, farsi strumento
di piacere o complice di una violenza.
Chi si rifiuta agisce con onore, ma dalla persona
che vuole compiacere è accusato di tradire il codice
dell'amicizia".

L'amicizia, insieme all'amore,
è il regalo più grande che ci ha
elargito la natura. Cicerone
a questo proposito non ha dubbi:

*"L'amicizia non è altro che
un'intesa sul divino e sull'umano
congiunta a un profondo affetto.
Eccetto la saggezza, forse è questo
il dono più grande degli dèi all'uomo".*

Frasi per il miglior amico o amica.

Può esistere l'amicizia tra uomo e donna?.

Può essa sopravvivere senza trasformarsi in amore?.

Possiamo noi, dopo esserci lasciati con qualcuno,

rimanere amico o amica?.

Domanda a cui è difficile rispondere e che riguardano una sfera davvero molto personale e diversa per ognuno di noi.

Oggi comunque ci rilassiamo semplicemente pensando soltanto al senso dell'amicizia e a come dimostrarlo.

Avete mai pensato di scrivere e dedicare frasi per il migliore amico o la migliore amica che avete nel vostro cuore?.

Avete mai pensato a come dimostrare, con parole, il vostro affetto nei confronti di una persona che considerata davvero molto amica/o a voi?.

La lettera per un vero amico e/o una vera amica.

Esiste una grande differenza tra una persona normale e un amico e/o una amica speciale. E' da questa che ne deriva il calore si sente a stare vicino ad una persona speciale, lo stare bene che c'infonde la sua sola vicinanza.

L'amico speciale è una persona normalissima, solo che crede veramente e sempre, in quello che fa, in quello che dice e nel modo in cui si comporta.
Crede in se stessa e per amare gli altri prima di tutto bisogna amare se stessi.

L'amico vero non è perfetto, anche se ha la soluzione ad ogni problema, anche se è punto fisso in un mare in tempesta. Però ha sempre fiducia anche quando ha paura.

L'amico vero ha i problemi di chiunque, forse ne ha id più, ma riesce sempre a vedere la luce anche se il tunnel è lungo e buio. Fa le cose credendo che ciò che deciderà sempre la cosa più utile pere sé e di conseguenza per gli altri.

L'amico vero è la più normale che ci sia, solo che ti dà la possibilità di essere, la possibilità che tutte le persone aspettano di sentirsi dare. E' un aiuto a scoprire la facilità che hai dentro, che tante volte quando sei triste non riesci a trovare da sola.

L'amico vero è un grande amico cui bisogna dimostrare tutto il nostro affetto ed inondarlo delle nostre attenzioni. Ogni giorno, ogni volta che si pensa a lui si scopre qualcosa d'ammirevole, d'adorabile, di commovente. Se prima si poteva restare lontano per più tempo, ora sembra tanto un giorno ed anche un'ora. Ma se non si è in sua compagnia il suo pensiero l'accompagna.

L'amico/a vero/a ti fa desiderare. I desideri sono illimitati e quando si concentrano in una sola persona si moltiplicano ed esplodono in lei.

Il vero amico è uno scuotimento del corpo, dell'anima, una crescita, un ampliamento della vita. Ti aiuta a capire qual è la cosa giusta da fare quando nel cuore ti batte forte un'emozione. Ti aiuta a dire sempre quello che pensi, a metterti in gioco ogni volta, ad essere sempre te stesso anche quando la situazione non vorrebbe. Non è giusto negare agli altri i propri pensieri, le proprie gioie e dolori. Noi siamo in ogni azione, in ogni gesto, anche se non sempre sono i migliori. In ogni caso si cerca di migliorare.

L'amico vero per me speciale sa quando è il momento d'abbassare la luce, porgerti la sua mano ed avvolgerti in un silenzio che può essere più forte di mille parole. Si può esprimere la gioia, la felicità, la tristezza, l'intesa o qualsiasi altro sentimento anche stando in silenzio. Ci sono momenti in cui si vorrebbe essere in un immenso prato lontano da tutti e da tutto, in mezzo ad una pace assoluta e godere del rumore del silenzio. Ma forse non si vorrebbe essere propri soli ...

Il vero amico, anche se non lo manifesta platealmente, ti vuole bene, ti sta sempre vicino ed è sempre pronta ad offrirti il suo sorriso. Ogni gesto che compie, ogni piccola attenzione che ti rivolge ha un significato speciale per chi guarda con gli occhi di chi sa apprezzare.

L'amico vero, anche quando non può esserti vicino, cerca di farlo in qualunque modo. Si ricorda di te in ogni momento anche con un piccolo segno od un piccolo pensiero che però rivela un grande affetto.

Il vero amico sa giocare e scherzare ma quando è il momento, senza chiederglielo, sa offrirsi completamente con tutta la sua esperienza di vita.
L'amico che ti vuole bene riesce a trasformare qualsiasi momento in un momento unico. Ogni attimo, ogni comportamento diventa grande e cambia forma per diventare un bel ricordo al quale poter sempre attingere.

L'amico sincero è molto educato, sensibile e rispettosa delle tue idee, del tuo modo di fare. Non vuole cambiare nulla di te, ti accetta come sei, con le tue poche qualità e i molti limiti. Non ti chiede mai nulla eppure tu vuoi darle, sempre di più. Vuoi che sia felice e cerchi, nei tuoi limiti, di essere un po' speciale anche per lui. Hai un continuo bisogno di dimostrargli qualcosa, di farle sapere che ci sei, di renderti utile magari solo con piccoli gesti.

L'amico speciale sembra non avere difetti e la sua vita è così completa che i problemi quasi non esistono. E' forse per questo suo modo di vivere che anche la tua vita pare migliore. La serenità e la tranquillità che emana ti contagia.

Il vero amico non ha fretta, ogni tessera del suo mosaico ha un significato preciso, costruisce giorno per giorno il suo futuro, assapora tutti i momenti della giornata e non lascia nulla al caso.

L'amico del cuore è il miglior confessore. Puoi parlare di qualsiasi argomento, raccontare qualsiasi cosa con la certezza che mai proverà a giudicarti. Le parole fluiscono naturali e spontanee e qualsiasi spunto è sempre un ottimo motivo di conservazione. Grazie alla sua sensibilità e gentilezza anche i discorsi seri ed importanti scivolano con minor pesantezza.

Il vero amico è amante della vita, è sempre in movimento. Ama la natura, i bambini, gli uomini, donne e tutto ciò che di belle può cogliere. Sa divertirsi con poco e le persone che gli sono accanto si divertono insieme a lui.

L'amico vero è bello dentro, ha il viso radioso, un sorriso gioioso, ma la sua bellezza interiore e la purezza dei suoi sentimenti sono molto di più.

L'amico vero è il nostro angelo, un'essenza che non svanisce. Non tutti hanno l'occasione di incontrarlo nel proprio cammino. E' la cosa più bella che esista. Quando l'ho scoperta, anzi, quando mi è stata donato ho capito ictu oculi veramente quando sono stato fortunato.

L'amico vero è speciale in tutti i sensi perché fa parte della nostra vita ed è lì davanti a noi. Dobbiamo meritarci quello che ci offre e non dobbiamo deluderlo mai..

Le migliori frasi sull'Amicizia:

Per me i veri amici amano condividere i momenti preziosi che la vita riserva loro, come le piccole cose dell'esistenza per cui vale la pena di vivere ogni giorno;

Per me lo splendore dell'amicizia non è la mano tesa né il sorriso gentile né la gioia della compagnia: è l'ispirazione spirituale quando scopriamo che qualcuno crede in noi ed è disposto a fidarsi di noi;

I veri amici hanno bisogno uno dell'altro proprio come un fiore ha bisogno della pioggia per aprirsi e mostrare la sua bellezza. L'amicizia dovrebbe essere una preziosa carezza di cui non puoi fare a meno;

I veri amici sono quelli che si scambiano reciprocamente fiducia, sogni e pensieri, virtù, gioie e dolori; sempre liberi di separarsi, senza separarsi mai;

Per me il segreto della vera amicizia è cercare insieme l'evoluzione dell'anima. L'amicizia vera non deve avere mai come fine l'ottenimento di un risultato o di uno stato materiale. L'amicizia è la consapevolezza, sempre più profonda, dell'uguaglianza;

L'amore potrà svanire con gli anni, ma certe amicizie vere durano tutta la vita;

Per me l'amicizia è sempre una scelta. Non dovresti dover lavorare sull'amicizia;

Per me stare con gli amici veri, è tutto un po' più semplice! ... ;

I veri amici hanno bisogno uno dell'altro proprio come un fiore;

Per me l'amicizia vera è ... lo zucchero della vita! ... ;

Per me quando due amici si comprendono completamente, le parole sono soavi e forti come il profumo di orchidee;

Gli amici sinceri sono Rari e preziosi! ... ;

Il vero amico e/o amica è quella persona che rende la tua vita degna di essere vissuta! ... ;

Per me l'amicizia è un frutto che matura lentamente;

L'amicizia non è altro che un nome, così Napoleone Bonaparte;

Trova il tempo di essere amico: è la strada della felicità! ... così, Madre Teresa di Calcutta;

Riprendi l'amico in segreto e lodalo in palese, così Leonardo da Vinci;

Un vero amico è uno che sa tutto di te e nonostante questo gli piaci ... ;

Uno dei benefici dell'amicizia è di sapere a chi confidare un segreto, così Alessandro Manzoni;

L'amicizia è certamente il migliore balsamo per le piaghe di un amore deluso, così Jane Austen;

Per me in ogni vita ci sono amicizie che non possiamo tradire;

Le amicizie non si scelgono per caso, ma secondo le passioni che ci dominano, così Alberto Moravia;

Quando l'amicizia ti attraversa il cuore l'ascia un'emozione che non se ne va, così Laura Pausini;

Il legame di ogni rapporto, sia nel matrimonio sia nell'amicizia, sta nella conversazione, così Oscar Wilde;

E' vero, come predica Cicerone, che la virtù è il fondamento dell'amicizia, né può essere amicizia senza virtù; perché la virtù non è altro che il contrario dell'egoismo, principale ostacolo dell'amicizia, così Giacomo Leopardi;

L'amicizia è più tragica dell'amore perché dura più a lungo, così Oscar Wilde;

Chi tempo ha e tempo aspetta, perde l'amico e denari non ha mai, così Leonardo da Vinci;

Chi è amico di tutti non è amico di nessuno, così Arthur Schopenhauer;

La cattiva sorte ci mostra chi non sono i veri amici, così Aristotele;

La confidenza è il fondamento delle amicizie più care come degli odi più intensi, così Antoire Rivali;

Le amicizie devono essere immortali, e mortali le inimicizie, così Tito Livio;

Credo nell'amicizia nel modo più assoluto. L'amico è come il compagno di reggimento che in piena battaglia ti sta affianco pronto a darti una mano. Nel cinema , a Roma?. L'amico non esiste. Non l'avrai mai a fianco. Caso mai di fronte, pronto a spararti addosso, così Ugo Tognazzi;

Per me i piccoli regali conservano le grandi amicizie;

Il grande maestro avv. Saverio Fatone un giorno mi disse: caro Donato, una vittoria un successo è grande, ma ancora di più lo è con la vera amicizia;

Come comportarsi con gli amici?. Come vorremmo che loro si comportassero con noi, così Aristotele;

Per me gli amici vanno e vengono, i nemici si accumulano;

Per me il vero amico è povero, è persona onesta, sincera, di solito, coltiva amicizie che non gli rendono nulla;

Per me l'adulazione procura amici, la verità ictu oculi, genera odio;

Non dee l'uomo, per maggiore amico, dimenticare li servigi ricevuti dal minore, così Dante Alighieri;

Per me il vero amore non vede i difetti, la vera amicizia li ama;

Un valente giurista S.E. dott. Silvio Pieri Presidente della Suprema Corte di Cassazione mi affermò: Donato ricordati sempre che, il falso amico è come l'ombra che ci segue finché dura il sole;

Il vero amico/a si riconosce nell'avversa fortuna;

Nelle avversità dei nostri migliori amici noi scopriamo sempre qualcosa che non ci dispiace;

Chi si vanta di aver conquistato una moltitudine di amici, non ne ha mai avuto uno;

Il tuo sorriso mi abbraccia ogni giorno. Il calore della tua voce rende suono alla mia. Nel tuo affetto curo il pianto antico. Tu forza. Io passo stanco. Insieme. Il domani. Amicizia;

Ti ho incontrato e in un attimo – amico mio - ti ho fermato per sempre. Dentro di me ho abbattuto la vecchia casa. Ora abito senza porte;

Ho sfiorato le pagine dell'anima tua. Ognuna ... una carezza un desiderio un'amarezza. Ho sfiorato le pagine dell'anima tua ... carezze ho raccolto desideri ho rubato dolore ho trovato. Ho sfiorato le pagine dell'anima tua ... alcune dolci alcune amare ... ho solcato il tuo cuore che a me hai voluto donare, e nel farmi gioire oppure soffrire tu, amico, mi hai aiutato a capire;

Provo a ricominciare con te che sei il vento, il sole dopo il pianto, un bene al di là dell'amore, un bene oltre tutto che dell'oltre è la luce. Provo a ricominciare con te, che per me sei soffio d'aria su gote arse. Di dolcezza infinita ricami ogni istante, amico mio, dimenticandoti di te;

Amici noi. Mano unita ad altra mano, cuore ad altro cuore, mente ad altra mente. In quell'unisono di sentimenti compagni di vita. Amanti in quell'intimo sentire;

Basterebbe il vento, il suo bisbiglio e ogni silenzio diventerebbe poesia. Basterebbe un brivido nel cuore per sentire le nostre mani diventare ali ... Basta così poco per essere amici. Per sempre;

Basta un tuo sguardo rubato al tramonto e un tuo sorriso nella penombra di una notte senza fine per non soffrire ... per non morire di solitudine;
L'amicizia non è amore. E' solo amore. L'amore più grande;

Sembra un'adolescenza quest'amicizia a forma d'amore. Ci attraversiamo senza labbra senza voce e senza la purezza di un peccato. Un luogo insieme. Un nido di sincerità. Un raggio di pace;

Schiarisce il sorriso la certezza di avere accanto un' amicizia vera....per stringerla col solo cenno di una mano in uno sguardo sospirato. E crederci ancora ... tra le stelle;

Scende la sera. Ti respiro nei frammenti che hanno accarezzato la vita. E non ti ho mai detto, amico, di aver vissuto con te un giorno infinito;

L'eutanasia è d'obbligo quando l'amicizia respira a fatica. Ho regalato al vento le tue carezze ... che se le porti via;

Con il cuore ti sento con la mente t'invento. Scorrono leste mille parole .... poi si fermano nel battere del cuore;

Tanti sono i modi in cui si può amare. Agape è quello giusto, che l'amico sa usare;

Ti ho portato in dono un raggio di sole. Ti ho portato dei fiori. Molte volte. Fiori di campo, multicolori e pieni di vita. Te li offrii sempre in silenzio. Avevo messo in gabbia le parole perché l'amicizia si legge soltanto negli occhi;

Non l'ho dimenticato mai, nemmeno per un istante. Saldo nei miei pensieri, costante nel mio rimorso. Rimorso per ciò che sono stato e per ciò che non ti ho dato. Schietta e decisa, donna di valle, dolce amica capace di amare, ma dura e severa, pronta a dare battaglia. Quante le parole non dette! Ma rimpiango di non averti detto : Ti voglio bene, mamma!;

E quando i rintocchi della mente non avranno più battiti, lascerò le redini a chi, più di me, saprà esserti amico. Ma la mia dolcezza ti accompagnerà, come ricordo che brucia. Incessante nostalgia di un bene senza fine. Amico mio del cuore, sarò del tempo .... il tuo rimpianto;

La follia di un abbraccio amico è come una farfalla che conta gli attimi – e non gli anni – per abbracciare ancora i sogni che soltanto l'anima può vedere ... emozioni e pensieri evanescenti che aleggiano sul fondale del mio io. Storia e leggenda uniti in un unico tempo, dentro un lido di pace ...;

Non credevo che gli angeli arrivassero fin qui, fin sotto un cielo di duro cemento. Invece sei arrivato tu, amico, con una valigia colma di carezze. Da quando sei con me le mie ore scivolano lievi come lacrime di gioia, come sentieri di luce dal buio lontano di un mondo spietato che si finge umano;

Nello stillicidio di inutili parole sei, amico, miracoloso unguento che sa guarirmi dallo strenuo di forze cadute come spighe di grano su un campo incolto. Avvolgo nel tuo abbraccio tutto ciò che è intorno. E l' "intorno" sei tu;

Quando sarò avvolta dalle ombre, in compagnia della grande sera, parlami piano, amico mio, e aiutami a respirare il profumo di un giardino incantato. Prima di andartene, aspetta che giunga il tramonto e fa' ch'io saluti il sole prima del sonno. Poi ... sorridimi ancora, sulle stoppe ormai arse del silenzioso viale. E stringimi sempre dentro i tuoi silenzi, in mezzo ai boschi delle fantasie. Tra fili d'aria di malinconia ...;

So, amico, se il tuo cielo carezza l'aurora, so se dove sei guardi ancora nascondersi il vento. E in un tramonto di pioggia che sembra un'alba – ma non lo è – vedo nel tuo il mio sguardo;

Amicizia : profumo di narcisi nel giardino d'inverno, profumo di fiori di loto. Suggestione di rara bellezza, cuscino di seta frusciante, dolcezza della sera ... quando trasformi le lacrime in stelle cadenti;

Quando i sogni hanno gli occhi spenti e lo sguardo si perde nel silenzio delle tenebre, l'amicizia asciuga il dolore e libera il pianto in un morbido abbraccio, perché l'anima s'illumini di luce infinita;

La purezza di un'amicizia è esperienza spirituale, pura emozione tra le piaghe dell'anima. Io e te ... diversi ma uniti come petali di un fiore raro che sboccia dal cuore di noi ... diversi ma affini;

Ti sento sempre amico mio. Sei legato a me. Sei la foglia che resta salda al mio ramo incurante delle stagioni che passano. Foglia senza tempo nella terra di nessuno, dove è possibile ritagliare un sogno senza nome e senza margini;

Amicizia : una linea sottile che porta linfa vitale e attraversa confini inimmaginabili. E' aria pura. Da respirare;

L'amico è ... una simbiosi. Un abbraccio senza fine;
Amicizia è la mano che improvvisa s'avvicina alla mano alla ricerca di un palmo a rincontrar dita con dita. E' un fascio di stelle che s'offre ad un cuore;

Amico mio, solitario il tuo cuore batte : il mio ne sente la vita. Solitario il tuo volto splende : il mio ne coglie il sorriso. Solitario il tuo pianto trabocca : la mia mano scende dolce ad asciugare la tua lacrima;

Amici : l'uno dell'altro siamo colore cultura ricchezza scambio crescita necessità. Sospesi in una bolla d'aria ... percorsi da un brivido di serenità;

Trova il tempo di essere amico per me per te per noi. Trova il tempo di essere amico, sarà il tuo tempo migliore, un tempo ricco e prezioso, che ti restituisce tutto il tempo perduto;

Ti incontro – amandoti – nelle vie fatte di sogni fedeli al tuo nome – Amico – racchiuso tra un sorriso mesto e una gioia muta;

Ti saluta il cuore mentre il mio viso s'allontana. Ti saluta il cuore che ha smesso di tenere stretto fra le dita il nostro tempo. E io non chiedevo altro che tu trovassi il tempo ... soltanto il tempo di essermi amico;

Amicizia. Voci come sguardi ... parole a sostituire carezze. Passi silenziosi a tracciare strade nel cielo, generando vibrazioni intense. L'ultima solleverà polvere di nuvole ai miei piedi. E non mi farà male;

Per il mio cuore basta il tuo petto, poi la libertà e ... bastano le tue braccia amiche;

Parole ... te le porgo per rincorrere pensieri comuni, per costruire sogni e riempire silenzi. Per non veder scomparire la tua figura, amico, che non ha confini;
Basterebbe il bagliore di un rosso tramonto e il borbottio delle onde ... basterebbero i colori di un'alba nel cielo e il sapore del mare...il vento che liscia il respiro ... la pioggia che s'aggrappa alla pelle ... l'allegria del risveglio...la confidenza di una notte a parlare...un tuffo di gioia e un fiato...un soffio di caldo e il sole nel cuore... Basta la tua presenza e l'amicizia diventa un miracolo;

Lettere poesie canzoni restano scritte nel diario del mio cuore. Notte di pensieri e di silenzi affogati dentro le ombre, solitudini e malinconie incollate sulla pelle, mentre l'anima si abbandona a te sotto un cielo senza stelle;

Sei una stella apparsa inaspettata...da sfiorare delicatamente. E tu, stella che non tramonta all'alba e di giorno appare in tutto il suo splendore, mi dai la forza di affrontare questa vita dove ogni desiderio sembra dover morire....con le nuvole che il vento in un attimo porta via;

Dolce amico mio, seduta in questa stanza nella penombra del mattino, sento la tua presenza in me. ti cerco in ogni dove, nei lenti voli delle upupe e nel volare del vento che accarezza le amate rose, nel giardino. E' così che mi sento : un colorato fiore che ogni dì rinnova la sua vita e aspetta te. Aspetto il giorno in cui ancora correrò da te a braccia aperte, e ti terrò stretto a me tanto forte da spegnere il fiato. Ricorda di me ogni istante più bello, quando il freddo pungente ti attraverserà il cuore, e cibati delle carezze che abbiamo serbato dentro di noi. Amico, prezioso tesoro della mia vita, tutto è niente senza di te e il nulla è molto insieme a te.Forse quest'amicizia è solo un sogno, ma se così fosse, fa' ch'io non mi desti e lasciami al mio delirio, in un cielo che di noi si dipinge con una pennellata di celeste e di rosa.

L'amico vero quando ti cerco? Tu ci sei. Quando ti chiamo?. Tu rispondi. Quando ho bisogno di parlarti?. Tu mi ascolti. Ci sei sempre, sempre per me che fragile cerco una spalla forte su cui poggiarmi. Dirti Ti Voglio bene è poco ma lo star bene insieme a te, te lo fa capire molto di più ... ;

Il mio migliore amico sei tu certo. Tu che non mi chiedi mai nulla, tu che mi sopporti sempre, tu che sei sempre li quando ti cerco. La mia amicizia per te è più alta ed importante di un sentimento d'amore ... ;

Con un amico e/o amica vero si ha un rapporto di onestà, lealtà, rispetto,fiducia ed affetto. Ebbene, troveresti onesto che io ti dicessi che la penso come te, se non lo penso davvero?;

Un vero amico ti dà il suo parere, ma non ti obbliga a seguire i suoi consigli. Quando però gliene chiedi e lui si sente in grado di darteli, non te li nega. Anzi, si sente in dovere di dartene anche se non li richiedi;

Per me chi non ha amici è l'uomo che non si è mai fatto dei nemici;

Per me l'unico modo per farti un amico/a è essere un vero amico;

Uno dei benefici dell'amicizia è di sapere a chi confidare un segreto;

Per me tre sono i volti del bene: l'amore, l'affetto e l'amicizia;

Meno amici ci servono più ne abbiamo;

Non farti più amici di quanti non possa tenere il cuore;

Per me, Grande cosa è l'amicizia e quanto sia veramente grande non lo si può esprimere a parole, ma soltanto provare;

Dall'amicizia all'amore c'è la distanza di un semplice bacio;

Come Avvocato posso affermare, che le migliori amicizie hanno dei terreni inesplorati che non si dissodano mai;

Non c'è deserto peggiore che una vita senza amici: L'amicizia moltiplica i beni e ripartisce i mali, così, Baltasar Graciàn;

Niente allevia le nostre sofferenze come quelle dei nostri amici veri;

Un uomo benevole dovrebbe permettersi qualche difetto, per non far fare brutta figura ai propri amici;

Per me il denaro non può comprare degli amici, ma può procurarti una classe migliore di nemici;

Si decide in fretta di essere amici, ma l'amicizia è un frutto che matura lentamente, così Aristotele;

Per me l'opposizione è vera amicizia;

Pochi sono gli amici di un uomo in sé, molti quelli della sua buona sorte;

Chiunque può simpatizzare col dolore di un amico, ma solo un amico nobile riesce a simpatizzare col successo di un amico;

Può importarci poco degli uomini, ma abbiamo bisogno di un amico;

Per me, la peggior solitudine è essere privi di un'amicizia sincera;

L'amicizia è una presenza che non ti evita di sentirti solo/a, ma rende il viaggio più leggero;

Di tutte le cose che la saggezza procura per ottenere un'esistenza felice, la più grande è la vera amicizia.

Non è apprezzabile chi è troppo facile all'amicizia né chi troppo vi esita; per amore dell'amicizia bisogna anche rischiare il proprio amore;

Tutti vogliono avere un amico, nessuno si occupa di essere un amico;

Per me un vero amico è uno che sa tutto di te e nonostante questo gli piaci;

L'uomo non ha amici, ne ha soltanto la sua buona fortuna, così Napoleone I;

Se si giudica l'amore dai suoi affetti principali, assomiglia molto di più all'odio che all'amicizia;

Avvolte succede che molti saranno amici finché sarai felice, ma quando verrà il brutto tempo, resterai da solo;

Per me l' Amico/a è ... con chi puoi stare in silenzio ... ;

Per i nemici le leggi si applicano, per gli amici si interpretano, così Giovanni Giolitti;

Per me l'amore non vede i difetti, l'amicizia li ama;

Per me i veri amici sono rari perché e poca la domanda;

Per raro che sia il vero amore, è meno raro della vera amicizia;

Non abbiamo tanto bisogno dell'aiuto degli amici, quanto della certezza del loro aiuto;

Per me le amicizie non sono spiegabili e non bisogna spiegarle se non si vuole uccidere;

Per me non dare mai spiegazioni: I tuoi amici non ne hanno bisogno e i tuoi nemici non ci crederanno comunque;

Non c'è deserto peggiore che una vita senza amici: l'amicizia moltiplica i beni e ripartisce i mali;

L'amicizia è rara perché a volte e scomoda;

In amicizia non si può andare lontano se non si è disposti a prendersi scambievolmente i piccoli difetti;

Riprendi l'amico in segreto e lodalo in palese, così Leonardo Da Vinci;

Trova il tempo di essere amico: è la strada della felicità, così Madre Teresa di Calcutta;

Se vi separate dall'amico, non addoloratevi, perché la sua assenza vi illuminerà su ciò che in lui amate;

Al fine ricorderemo non le parole dei nostri nemici, ma il silenzio dei nostri amici;

L' amicizia verso sé stessi è di fondamentale importanza, perché senza di essa non si può essere amici di nessun altro;
Un giorno l'amore disse all'amicizia, perché esisti tu se ci sono già io, e l'amicizia rispose, per portare un sorriso dove tu hai lasciato una lacrima;

L'amicizia è un sentimento che non si può cancellare, l'amicizia è la cosa più bella del mondo perché non si potrà mai dimenticare;

Il giorno 25/5/2014 alle ore 17,33 nel ringraziare una collega di studio avv. Fabiana Tomassi per una cortesia che mi aveva fatto mi disse: Donato la vera amicizia è come una lanterna che il vento scuote ma non si spegne mai.;

Se guardi lassù e non ti vedo è come spegnersi lentamente, il mio cuore ha bisogno di te, della tua allegria dei tuoi sorrisi e delle tue strette di mano ... mi manchi amico/a mia/o ... ;

L'amicizia è un sentimento molto complesso è una disponibilità senza scambio, basata soprattutto sull'affinità caratteriale, ancora più bella quando è condivisa;

Per me l'amicizia vera è come l'aratro che passando nel tuo cuore traccia un solco dove vanno messo i semi che col tempo daranno il frutto della felicità;

Amicizia, una parola da gridare e scrivere in maiuscolo se è come la nostra ... T.V.B.;

La vera amicizia è quella che si dà a una amica e/o amico nel momento del bisogno, senza pretese, senza ambiguità è falsità;

Per me l'amicizia non la puoi toccare con le mani, al puoi sentire con il cuore, la amerai con tutte le forze e crederai in lei perché saprai che non lascerà mai posto alla solitudine nella vita;

Per me l'amicizia è come una farfalla: se la tieni troppo stretta in mano muore, se la tieni in modo distratta vola via;

Se il mare fosse cioccolato e il cielo fosse un foglio non finirei mai di scrivere il bene che ti voglio ... cara amica mia e/o caro amico mio! ... ;

Nella vita puoi incontrare tanti amici ma solo uno è il tuo migliore amico e non lo puoi cambiare con nessuno perché lui è dentro di te ... ;
Il passato non si dimentica i ricordi non si cancellano ma il presente si può cambiare;

Se ti vedo, giuro che scoppio di felicita! ... Perché saremo amiche e/o amico oggi, domani e per sempre! ... ;

Se potessi scrivere nel cielo T.V.B., così se un giorno sarai triste alzando lo sguardo capirai che non sei solo e/o solo e che potrai sempre contare su di me;

Per me un amico e/o un'amica e colui e/o colei che ti capisce e ti comprende anche quando stai in silenzio;

Per me gli amici sono come le conchiglie, le onde le portano via ma restano sempre nel mare;

Per me l'amicizia quando deve e/o più persone abbiano costruito un'amicizia sincera e vera, proprio quella che ho sempre sognato ma non ho mai ottenuto ... Finalmente ... grazie a te l'ho ottenuta ... grazie amica mia e/o amico mio! ... ;

Dico sempre, alla mia migliore amica Brigida, che per me la vera amicizia è come l'albero: cresce sempre di più e non muore mai;

Per me l'amicizia è come la cintura, se la sai stringere ti rimarrà sana che nessuno te la tolga;

Per me la vera amicizia è come un ombrello in tempesta, se lo saprai tener con cura ti riparerà tutta la vita ... ;

Per me la vera amicizia è come l'acqua, non si può vivere senza ... ;

Per me gli amici sono come una stella, anche se non li vedi sono sempre presenti ... ;

La vera amicizia è come una fresca brezza in una torrida giornata, da sollievo anche nei momenti più difficili ... ;

Per me la vera amicizia è come un giorno di primavera, un buon caffè ed un bel libro. L'amicizia è tutto questo messo insieme ... amico e/o amica mia! ... ;

Per me l'amicizia è una cosa che ti rimane impressa, che non ti abbandona, che non ti lascia mai ... a volte litighiamo, coscienti dal fatto che mai nessuno ci dividerà ... ;

Per me la più bella amicizia è quando non ci sono interessi da entrambi le parti ... ;

Una volta mi chiesi cosa volesse dire la parola: Amicizia, nessuno riusciva a rispondermi, poi ... incontrai te e solo da quel momento ne capii il significato;

Per me la vera amicizia ... ti attraversa il cuore, lascia un'emozione che non se ne va ... ;

Un amico e/o un amica è come un tesoro, basta trovare la mappa e la giusta direzione per trovarlo ... ;

Per me il vero amico e/o amica è come il vino doc.: più passa il tempo è più è buono;

Per me i veri amici sono come i diamanti ... solo quelli veri durano per sempre;

Per me l'amore è importante ... ma la vera amicizia ancora di più ... ;

Il sole è rotondo, il mare è profondo, tu sei l'amica/o migliore del mondo! ... ;

Con i soldi si può comprare di tutto, tutto quello che si desidera o meglio solo il bene materiale perché l'amicizia tra noi due non si può comprare neanche per una ricompensa pari all'infinito;

Molte persone entreranno ed usciranno dalla tua vita, ma soltanto i veri amici lasceranno impronte nel tuo cuore;

La prova dell'amicizia è un aiuto nell'avversità, e in più un aiuto senza riserve;

La perdita di un amico, come la caduta di un pino gigante, lascia vuoto un pezzo di cielo;

Per me la vera amicizia non è schiava del tempo e dello spazio, la distanza materiale non può separarci davvero dagli amici;

Per me le amicizie vere sono quelle che si fondano sul sentimento; l'amico non giudica, comprende;

Tutti sentono quello che dici; i migliori amici sentono anche quello che non dici;

Quando fa male guardare indietro e hai paura di guardare avanti, puoi sempre guardare accanto a te: Il tuo migliore amico/a sarà lì;

Camminare con un amico al buio è meglio che camminare da soli nella luce;

Un amico è qualcuno che capisce il tuo passato, crede nel tuo futuro e ti accetta oggi per quello che sei;

Per me i buoni amici sono quelli che ti hanno a cuore senza esitazione e che ti amano anche senza parlare;

Per me i falsi amici sono come l'ombra: sono con voi mentre siete alla luce del sole, ma vi lasciano pochi minuti prima che arrivi la penombra;

Gli amici ti impediscono di essere un pazzo; i migliori amici condividono la stessa pazzia;

Per me un vero amico vi darà un biscotto, ma il migliore amico condividerà con voi tutta la biscottiera;

I migliori amici sono quelle persone speciali che ti aiutano a sopravvivere giorno dopo giorno alle prove, alle tribolazioni della vita;

Un vero amico è colui che sa vedere la verità e il dolore in te, anche quando riesci ad ingannare tutti gli altri;

Un vero amico è colui che entra quando il resto del mondo esce ... ;

La vita è come uno specchio ... Ti sorride se lo guardi sorridendo;

Anche se un amico è lontano non essere timido, allungati e prendi la sua mano;

L'amicizia è come un tesoro che molti non trovano ma che altri scoprono senza alcuna mappa;

Per me gli amici veri sono come le colombe, dove arrivano portano pace e serenità;

Il mio migliore amico è lo specchio, perché quando piango non ride mai;

Fino a quando Roma sarà antica tu sarai per sempre la mia migliore amica/o;

L'amicizia è come un tesoro nascosto, se lo cerchi lo trovi sempre;

Il treno passa, la nave affonda ma la nostra amicizia rimarrà profonda;

Un amico è colui che ti lascia il cuore segnato da delle esperienze, che ti rimarranno per tutta la vita;

Un vero amico è quello che ti accetta per quello che sei e ti ama anche se sei testardo/a o alcune volte insopportabile;

Sappi che l'amicizia è come una farfalla tra le tue mani, se la stringi tra le tue mani, se la stringi troppo muore, ma se la lasci libera, se ne va, accarezzala e sarà sempre con te! ... ;

Per me come la Barca lascia la scia ... io ti lascio l'amicizia mia! ... ;

L'amicizia è come un castello di sabbia: difficile da costruire ma facile da distruggere;

Per me la vera amicizia è come una margherita: Dura per sempre, per tutta la vita;

La vera amicizia è il dono più bello da mantenere anche a distanza;

La mamma ti aiuta ... il papà ti protegge ... il sole ti riscalda ... ma soltanto un amico e/o amica ti capisce;

Per me la lettura è il cibo della mente, la preghiera è il cibo dell'anima, ma la vera amicizia è il cibo del cuore;

Non sei latte, non sei caffè ma sei l'amica e/o l'amico che fa per me;

Ti dono queste rose e mi tengo le spine ... perché la nostra amicizia non abbia mai fine! ... ;

Per me senza amici tutto è triste e vuoto;

Se l'amico con cui stai è un vero amico ti lascia solo se lo tradisci;

No voglio oro non voglio argento voglio la tua amicizia al 100%;

L'amicizia è come un conto corrente non puoi continuare a prelevare se non fai versamenti;

Per me l'amicizia è il pensiero che al mattino mi sveglia e sei l'ultimo desiderio che lo notte mi culla;

Per me i veri amici sono quelli che si scambiano reciprocamente gioie, sogni e dolori;

Gli amici sono come il vento, prima ci sono ma poi ti abbandonano. I veri amici sono come l'aria, ovunque vai sono sempre accanto a te;

Per me la vera amicizia non è d'oro; neanche d'argento, ma rende prezioso ogni mio momento;

I veri amici sono i fiori nel giardino della vita;

I veri amici sono buoni come la nutella;

La vera amicizia è l'anima sola che vive in due corpi;

Ho scritto il tuo nome su un albero morto … ma il tuo nome è così bello che l'albero è risorto! … ;

La nostra amicizia è profonda quanto il mare, niente la potrà far saltare;

L'amicizia è come l'arcobaleno che rende il cielo più sereno;

Per me un tesoro non è sempre un amico … ma un amico e/o amica è sempre un tesoro;

Per me l'unica vera amicizia è quella che arriva senza alcun motivo;

La tua amicizia è un dono grande che Dio mi ha concesso … la terrò per sempre stretta nel mio cuore;

Gli amici sono come un buon reggiseno: di sostegno, difficile da trovare e sempre vicino al tuo cuore;

Gli amici sono come le stelle, vanno e vengono, ma quelli che rimangono sono quelli che emanano più luce;

Per me i veri amici sono quelle care persone che chiedono come stiamo e poi aspettano di sentire la risposta;

La vera amicizia è come il cioccolato, che mondo sarebbe senza … ;

L'amicizia è un'emozione fantastica che ti aiuta nei momenti assai difficili;

L'amico/a è colui/ei che ti sta accanto a che non ti lascia davanti ai pericoli;

Per me l'amico migliore e/o l'amica migliore, è quello e/o quella che è diverso e/o diversa perché so che pur di vedermi felice, farebbe chilometri e chilometri, farebbe di tutto e ne sono certo. E' diverso perché, a differenza di tutte le persone di questo mondo, di lui e/o di lei, posso fidarmi ciecamente, posso farlo, questa è una convinzione che ho, e che lui e/o lei ha saputo darmene una conferma. E' diverso perché quando sto con lui e/o lei, il sorriso non mi mancherà mai … ;

Per me il vero amico e/o amica è colui che sta nel cuore e non in testa;

Per me la vera amicizia è come l'acqua nel deserto più arido;

L'amicizia va e viene, quella vera rimane per sempre;

Per me l'amicizia cura ciò che l'amore non riesce a fare;

Per me la vera amicizia è una cosa molto importante, quindi cerco di proteggerla;

Per me la vera amicizia è una strada senza fine;

L'amicizia consiste nel dimenticare ciò che uno dà, e nel ricordare ciò che uno riceve;

Il migliore amico e/o amica è quella persona con cui condividi tutto, gli parli dei tuoi problemi e lui e/o lei ti ascolta, è sempre pronto a regalarti un sorriso, è capace di farti vedere la luce nelle giornate più buie ... E' bella quella persona che ti manca più di ogni altra ... il migliore amico e/o amica della tua vita ... ;

Per me il migliore amico è la persona che ti sta' sempre accanto in ogni momento sia triste che bello. Gli voglio un gran bene come se fosse un fratello per me. Le giornate quando lo incontro si rallegrano! ... Ti voglio troppo bene amico mio! ... spero che saremo migliori per sempre ... ;

Per me il migliore amico e/o amica e quella persona che mi fa divertire che non riesce a rattristarmi e che riesce sempre a strapparmi un sorriso che sta con me nei momenti belli che brutti che mi appoggia sempre che non mi ha mai abbandonato a cui posso confidare ogni segreto senza la minima paura ... ;

I veri amici amano condividere i momenti preziosi che la vita riserva loro, come le piccole cose dell'esistenza per cui vale la pena di vivere ogni giorno;

Quando l'amico vi confida il suo pensiero, non temete di dire, no, né trattenete il vostro sì;

Molto spesso, gli amici, con l'adulazione delle nostre qualità ci pervertono, mentre i nemici, criticando i nostri difetti, ottengono il risultato di rettificarci;

Per me chi cerca un amico e/o amica senza difetti non ne troverà nessuno;

Per me quando un amico chiede non esiste la parola domani;

Tante persone entrano ed usciranno dalla tua vita, ma soltanto i veri amici lasceranno delle impronte indelebile sul tuo cuore;

I veri amici sono quelli che si rispettano anche sulle cose per cui non sono d'accordo;

Se la prima regola dell'amicizia è quella di coltivarla, la seconda regola è quella di essere indulgenti quando la prima è stata infranta;

Per me la vera amicizia è come l'amore sono come l'eco: danno tanto quanto ricevono;

La vera amicizia non dovrebbe mai nascondere dietro la verità;

Il falso amico è come l'ombra che ci segue sino ha che dura il sole;

Per me la vera amicizia mi ricorda una frase di San Agostino ove disse: Amando il prossimo rendi pure il tuo occhio per poter vedere Dio. Se non ami il fratello che vedi, come potrai amare Dio che non vedi? ... ;

Per me l'amicizia non si cerca, non si sogna, non si desidera, si esercita;

Non è vero che un amico/a si vede nel momento del bisogno, una amica e/o amico vero si vede sempre;
L'amicizia è l'unico cemento capace di tenere insieme il mondo! ... ;

Gli angeli ci sono vicini, spesso non hanno le ali e si chiamano   ... Amici ... ;

Per me il vero amico/a è quella persona che rende la tua vita degna di essere vissuta;

Per me la vera amicizia è l'ingrediente più importante nella ricetta della vita;

Un vero amico lontano è a volte più vicino di qualcuno a portata di mano;

Non sono una tigre, non sono un leone, ma sono un'amica/o che vale un milione! ... ;

Il vero amico/a è l'amico/a che riesce a capirti solo ascoltando la voce dei tuoi silenzi ... ;

Come avvocato posso affermare che secondo l'art. 11 comma 4 della legge sull'amicizia, ti rinchiudo nel mio cuore. Contro questa sentenza non può essere fatto appello ... ;

Per me la vera amicizia è quella che ti regala un sorriso ogni volta che si spegne sul tuo viso! ... ;

Chi lo è e chi li ha, sa quanto vale un amico vero! ... Chi non lo sa perché non lo è, facilmente riesce a perderlo! ... ;

Per me ognuno ha l'amicizia che si merita ... ;

Quando non si ha nessuno come amico si diventa il mirino dei più cattivi;

Per me ci sono persone ... che le prendi come le prendi ... ti faranno sempre del male ... perché sono invidiose, ma tu fregatene, fagli un sorriso? ... ;

Un insigne giurista dott.ssa Teresa Benvenuto, magistrato di cassazione, mi disse: Donato la vera amicizia è il desiderio di dare più che ricevere;

Per me l'amicizia può essere un sogno da dove non vorresti più svegliarti, ma può anche diventare un incubo da dove dovresti solo uscire ... ;

In un pazzo, pazzo mondo in una pazza, pazza vita. Ricordati sempre di una pazza e/o pazzo sincero amico e/o amica;

Ricorda che la vera amicizia è tra le cose importanti e non si trascura se non si rimane delusi ... ;

80 fiducia in te, 70 ne hai di me, 16 che non mi dimenticherai mai, 6 una vera/o amica/o e per sempre lo sarai;

Una persona può avere anche cento amici ... ma solo tre o quattro sono le persone di cui ti puoi fidare ... ;

Per me un amico/a, per piccolo che sia, è il bene più prezioso del modo;

Per me la vera amicizia è come un fiore: se no l'annaffi muore! ... ;

Vorrei esserti amico/a per sempre ... credo che l'amicizia sia per me la cosa più bella e più vera che ci possa essere! ... ;

Per me quando perdi un amico è come perdere una gomma da disegno ... non hai più nessuno che ti aiuta a cancellare gli errori! ... Scusa non volevo ferirti ... ;

Per me i veri amici sono come gli angeli, sono sempre pronti a tirati su nel momento del bisogno;

Gli amici sono il dono più prezioso e la tua amicizia è il regalo più bello ... ;

Siano amici, io non desidero niente da te, tu no vuoi nulla da me. Io e te dividiamo la vita;

Tieniti stretto il vero amico e/o amica, anche se qualche volta ti dice proprio quella verità che non vorresti sentire, e soprattutto pensarci due volte prima di perderlo solo perché è stato sincero e/o sincera;

La vera amicizia è il sentimento più grande della vita perché non si chiede, non si ruba, ma si conquista;

Per me un vero amico/a sa ascoltare le tue parole ... anche durante i tuoi lunghi silenzi ... ;

Un giorno mi chiesero cosa fosse un amico ... io mi voltai di scatto e indicai te! ... ;

Ricordati: un fratello può essere un amico, ma un vero amico sarà sempre un fratello maggiore ... ;

Se un giorno dal viso scende una lacrima, se nel tuo cuore c'è una ferita, guardati intorno c'è sempre un'amica e/o un amico vero! ... cui contarci sempre ... ;

La vera amicizia è un bene naturale per vivere;

Per raro che sia un vero amore, lo è ancora di meno della vera amicizia;

La vera amicizia è quella che anche se il tempo scorre il nostro legame non potrà appassire mai … ;

Per me un vero amico e/o amica non è chi ti dice sempre che va bene … un vero amico/a e colui o colei che ti fa notare i tuoi sbagli … ;

Per me i veri amici sono come i quadri: bisogna metterli alla luce migliore … ;

Per me grazie agli amici un sorriso riappare sempre sul volto anche se ti manca l'amore della tua vita! … ;

Per me la vera amicizia … è il frutto più dolce che abbia mai mangiato;

Ascolta ciò che ho da dirti amico mio … perché tra le mie mani c'è e ci sarà sempre il mio cuore … ;

Per me il miglior amico e/o la migliore amica è colui e/o colei che non ti gira mai le spalle nei momenti del bisogno! … ;

Per me bisogna saper scegliere tutto nella vita … soprattutto gli amici veri, perché sono quelli che ti staranno sempre vicini … ;

Per me i veri amici sono angeli che ci sollevano i piedi quando le nostre ali hanno problemi nel ricordare come si vola;

Per me quello che conta tra vari amici non è ciò che si dice, ma quello che non occorre dire … ;

Per me quando trovi un nuovo amico e/o una nuova amica ricordati sempre di quella antica! … ;

Un giorno un vecchi amico mi disse: Donato, l'amico vero è chi ti chiede come stai e contestualmente sente anche con felicità la tua risposta … ;

Per me gli abbracci di un vero amico, sono come i Jeans, li vuoi sempre più stretti;

Il vero amico … non è una ruota di scorta … ma benzina per il tuo motore della verità! ... ;

In ogni affetto che si reputa sincero, non deve mancare il rispetto per la vera amicizia;

Per me non sono veri amici coloro che sminuiscono i tuoi pregi e ingigantiscono i tuoi difetti;

Per me la vera amicizia sa perdonare, sa capire è soprattutto sa volerti bene più di prima;

Per me non è una conquista avere un milione di amici, una vera conquista sono quei pochi amici sinceri che ti restano accanto;

Spesso la dolce nostra metà si identifica in una sana vera amicizia;

Per me i veri amici ti aspettano, rispettando ogni tuo ritardo;

Un vero amico non ti abbandona mai al costo di affondare al posto tuo;

Per me la vera amicizia non si compra, si conquista, si rispetta e si dimostra;

Per me le persone che alla fine vorranno restare nella tua vita, saranno quelle che ti stimano;

Per me gli amici speciali sono quelle persone che ti porti nel cuore e difficilmente potrai cancellare;

Per la vera amicizia si può agire anche contro i propri interessi, ma mai contro i propri principi;

Per me l'amicizia, se è vera è per sempre;

Per me l'amicizia è un'anima sola che vive in due corpi;

Ovunque ti trovi, è il tuo amico a costruire il tuo modo;

Per me sii generoso con gli amici perché ti vogliono ancora più bene. Sii generoso con i nemici perché ti divengano amici;

Il migliore amico è colui che tira fuori il meglio di me;

La vera amicizia è una connessione diretta, da cuore a cuore;

Per me non esistono buoni amici o cattivi amici, esistono solo amici, persone che hanno costruito la loro casa nel tuo cuore;

Per me l'amicizia è come l'amore, è di per sé una coincidenza: due si incontrano e le loro vite si intrecciano;

Che m'importa del tuo colore se siamo amici?. Che m'importa del tuo vestito se siamo amici?. Che m'importa se sei ricco o povero se sei mio amico?. L'unica cosa che mi importa è che tu senta nel cuore la mia amicizia per te.;

Il mio desiderio più grande?. Avere un'amicizia sincera;

Per me il miglior amico è colui che sente le urla del tuo cuore attraverso i tuoi silenzi;
Il migliore amico è quello che non si perde ... ma che rimane al tuo fianco per sempre! ... ;

Ti regalo un sorriso, ti porterà allegria, e se avrai paura ti terrà compagnia!. Perché il sorriso di un amico è come il sole, illumina la strada e riscalda il cuore ovunque tu sia! ... ;

Per me la vera amicizia è quel raggio di sole che entra nel cuore e ti fa vivere! ... ;

La vera amicizia non è simpatia, sarebbe poco!. In fin dei conti la simpatia è un interesse, l'amicizia quella "vera" è un dono disinteressato! ... ;

Per me l'amicizia con la "A" maiuscola è quella che dà e riceve senza chiedere mai niente in cambio! ... ;

Per me non è tanto l'aiuto degli amici a giovarci, quanto la fiduciosa certezza che essi ci aiuteranno … ;

Per me dell'amicizia non si può smettere mai di saziarsi, si può so tanto continuare ad amarsi! … ;

Non esiste cosa più bella, quella di dire ad un amico e/o a una amica ti voglio bene … ;

Sul filo del telefono c'è scritto 33 … amico mio e/o amica mia non ti scordar di me! … ;

Grazie, per l'amicizia … quella vera, quella senza compromessi … quella che tutto perdona e comprende … Viva, Viva, l'amicizia … perché fa bene al cuore di ognuno di noi … ;

Alcune poesie sull'amicizia

Non camminare davanti a me,
potrei non seguirti;
non camminare dietro di me,
non saprei dove condurti;
cammini al mio fianco
e saremo sempre amici.

Albert Camus

L'amicizia c'è sempre:

*Nella solitudine, nella malattia, nella confusione,
la semplice conoscenza dell'amicizia rende possibile resistere,
anche se l'amico non ha il potere di aiutarci. E' sufficiente che
esista. L'amicizia non è diminuita dalla distanza o dal tempo,
dalla prigionia o dalla guerra, dalla sofferenza o dal
silenzio. E' in queste cose che essa mette più profonde radici.
E' da queste cose che essa fiorisce.*

Pam Brown

... la vera amicizia.

Amico mio:

... dimmelo piano,
il mio cuore lo ascolterà,
non le mie orecchie.
La notte è profonda,
la casa silenziosa,
i nidi degli uccelli
tacciono nel sonno.
Rivelami tra le lacrime esitanti,
tra sorrisi tremanti,
tra dolore e dolce vergogna,
il segreto del tuo cuore.

Rabrindranath Tagore

per dirti che ti voglio bene amico mio ...

Ogni amico
costituisce un mondo
dentro di noi.
Un mondo mai nato
fino al suo arrivo,
ed è solo tramite
questo incontro,
che nasce un nuovo mondo.

A.N.

sulla vera amicizia ...

Il ricordo di un amico.

Penso che nessun'altra cosa ci conforti tanto,
quanto il ricordo di un amico,
la gioia della sua confidenza
o l'immenso sollievo di esserti tu confidato a lui
con assoluta tranquillità:
appunto perché amico.
Conforta il desiderio di rivederlo se lontano,
di evocarlo per sentirlo vicino,
quasi per udire la sua voce
e continuare i nostri colloqui mai finiti.

David Maria Turoldo

Gli uomini non hanno più tempo
per conoscere nulla.
Comprano dai mercati le cose già fatte.
Ma siccome non esistono mercati di
amici veri,
questi non si comprano, si
vogliono bene.

Saint-Exupèry

L'amico vero è quando:

... Credo nel tuo sguardo,
specchio della tua onestà.
Credo nella tua mano,
sempre tesa per dare.
Credo nel tuo abbraccio,
accoglienza sincera del tuo cuore.
Credo nella tua sincerità.
Credo nella tua parola,
espressione di quel che ami e speri.
Credo in te, amico,
così, semplicemente,
nell'eloquenza del silenzio.

Elena Oshiro

L'amicizia e il suo splendore:

Lo splendore dell'amicizia
non è la mano tesa
né il sorriso gentile
né la gioia della compagnia:
è l'ispirazione spirituale
quando scopriamo
che qualcuno crede in noi
ed è disposto a fidarsi di noi, questo è
lo splendore della vera amicizia.

R.W. Emerson

Gli amici:

**Ci sono anche quelli amici di
passaggio, talvolta una vacanza
o un giorno o un'ora. Essi collocano un
sorriso nel nostro viso per tutto
il tempo che stiamo con loro.**

Da: L'albero delle amicizie di Paul Montes

L'amicizia vera:

...Quando sei gioioso non c'è bisogno di
parlare, io lo capisco vedendo il tuo viso.
Invece quanto senti tristezza, solitudine
o voglia di allontanarti,
parla con me di tutte queste cose.
Io carico sulle mie spalle la metà del poso della
tua sofferenza. Andiamo avanti insieme.
Questa è la nostra strada
fino a quando continuerà la nostra vera amicizia.

Daisaku Ikeda

L'amico/a Vero/a:

**Sapere che c'è qualcuno,
da qualche parte,
dal quale ti senti compreso
malgrado le distanze
o i pensieri inespressi,
fa di questa terra un piccolo
"giardino"
per continuare a coltivare
la vera amicizia con il tuo amico/a.**

Richard S. Johnson

Dire ti voglio bene ad un amico e/o amica.

Ti voglio bene non solo per quello che sei,
ma per quello che sono io quanto sto con te.
Ti voglio bene non solo per quello che hai fatto di te stesso,
ma per ciò che stai facendo di me.
Ti voglio bene perché tu hai fatto più di quanto abbia
fatto qualsiasi fede per rendermi migliore,
e più di quanto abbia fatto qualsiasi destino
per rendermi felice.
L'hai fatto senza un tocco, senza una parola,
senza un cenno.
L'hai fatto essendo te stesso.
Forse, dopo tutto, questo vuol dire essere un
amico vero.

Anonimo

NON DIRE MAI "MAI"

Non dire mai: "io"
Di invece: "noi"
Non dire mai: "mio"
Di invece: "nostro"
Non dire mai: "tocca a lui"
Di invece: "incomincio io"
Non dire mai: "non posso"
Di invece: "eccomi"
Non dire mai: "vattene"
Di invece: "vieni"
Non dire mai: "domani"
Di invece: "oggi"
Non dire mai: "morte"
Di invece: "vita"
Non dire mai: "mai".

S. Lawrence

youcanprint

Finito di stampare nel mese di Ottobre 2015
per conto di Youcanprint *self - publishing*

www.ingramcontent.com/pod-product-compliance
Lightning Source LLC
Chambersburg PA
CBHW081721270326
41933CB00017B/3251